Souvent considérées comme des desserts pour les enfants, les compotes ont pourtant de nombreux atouts. En mélangeant des fruits frais et des fruits secs, en ajoutant des épices et des herbes aromatiques, en osant des combinaisons singulières, les compotes se réveillent et bousculent nos idées reçues !

Compotes maison

Cathy Ytak

photographies de David Japy
stylisme d'Élodie Rambaud

LES PETITS PLATS
MARABOUT
ORIGINAUX & AUTHENTIQUES
DEPUIS L'AN 2000

Cahier pratique

réussir ses compotes
page 4

sucres
page 6

fruits secs et graines
page 8

épices et herbes
page 10

Compotes de printemps

autour de la rhubarbe
page 12

fraise-fleur d'oranger
page 14

framboise-rhubarbe
page 16

pomme-cerise
page 18

cerise, mangue, banane
page 20

fraise, choco-menthe
page 22

fraise-tonka
page 24

Compotes d'été

autour du melon
page 26

nectarine
page 28

abricot-ananas
page 30

abricot-thym
page 32

mirabelle-banane
page 34

quetsche
page 36

reine-claude, sirop d'érable, page 38

mûre-vanille
page 40

Compotes d'automne

autour de la figue
page 42

coing épicé
page 44

poire-framboise
page 46

poire-pruneau
page 48

pomme-poire au chocolat
page 50

pomme-carotte
page 52

avocat-banane
page 54

potimarron au réglisse
page 56

Compotes d'hiver

autour de la pomme
page 58

pomme-poire, pain d'épices, page 60

pomme-orange
page 62

pomme tatin au muesli
page 64

pamplemousse-banane
page 66

banane-kaki
page 68

châtaigne et marron glacé
page 70

Réussir ses compotes

Les compotes maison sont bien plus savoureuses que les compotes industrielles et reviennent moins cher. Elles peuvent être moins sucrées. Elles éliminent aussi tous les emballages.

DE BONS FRUITS

Base essentielle de toute compote, les fruits doivent être choisis avec soin : les mauvais fruits ne donnent pas de bonne compote. Choisissez des fruits de saison. Acheter des fraises ou des cerises en janvier est une ineptie ! Soyez raisonnable sur les fruits exotiques ; leur transport est long et polluant. Préférez les fruits issus de culture biologique.

DES FRUITS MÛRS À POINT

Après achat, certains fruits ont besoin de quelques jours de plus pour arriver à maturité. D'autres sont à utiliser sans attendre. Des fruits à la peau tavelée (marques de grêle) ou mal formés peuvent tout à fait être utilisés en compote, du moment qu'ils sont mûrs et sains. Pour vous assurer d'une bonne maturité : poires, avocats, pêches, melons, mangues doivent céder à la pression d'un doigt et rester souples.
FRUITS SURGELÉS : vous pouvez utiliser des fruits frais que vous avez congelés ou des fruits surgelés du commerce. Ils ramollissent une fois décongelés, idéal pour les compotes !

CONSERVATION

Sauf indication contraire, la plupart des compotes se conservent 24 heures au frais. Pour les garder plus longtemps, congelez-les ou conservez-les par stérilisation.
CONGÉLATION : une fois cuites, laissez-les refroidir, puis placez-les dans des sachets en plastique ou des bacs, au congélateur. Vous pouvez les garder quelques mois. Attention : ne congelez pas de compotes de fruits surgelés.
STÉRILISATION : contrairement à la confiture dont le sucre permet la conservation, les compotes mises en pot doivent absolument être stérilisées pour être conservées.

Mettez les compotes dans des pots ébouillantés, fermez-les hermétiquement à l'aide d'un couvercle ou d'une capsule. Mettez-les dans une cocotte remplie d'eau (l'eau doit bien recouvrir les pots) et laissez bouillir pendant 30 minutes.
COMPOTES POUR BÉBÉ : préparez les compotes en utilisant des fruits issus de culture biologique, n'ajoutez ni sucre, ni fruits à coque (risque d'étouffement), ni épices. Congelez les compotes dans des bacs à glaçon, puis mettez-les dans des sacs congélation pour des petites portions à disposition.
DÉCONGÉLATION : les compotes en portions se décongèlent au réfrigérateur en 1 à 2 heures. En sachet, comptez 5 à 6 heures. Si vous êtes pressé, faites-les décongeler dans une casserole avec 1 cuillerée à soupe d'eau, à feu doux.

CUISSON

Cuisez vos fruits à feu vif, en surveillant constamment. La plupart du temps, une compote est cuite en moins de 15 minutes si les fruits sont bien mûrs. N'hésitez pas à y ajouter des fruits crus en morceaux, ils apporteront texture et vitamines ! En effet, en cuisant, les fruits perdent une grande part de leur vitamine C.

PROBLÈMES ET SOLUTIONS

LA COMPOTE EST TROP LIQUIDE :

- Laissez cuire davantage.
- Utilisez du sucre « spécial confiture ».
- Ajoutez du miel.
- Ajoutez de l'agar-agar.
- Ajoutez un peu d'amandes ou de noisettes en poudre.

LA COMPOTE EST TROP SÈCHE :

- Ajoutez un peu d'eau.

A CHAQUE UTILISATION PLACEZ UNE CAPSULE NEUVE SOUS CE BOUCHON
FAMILIA WISS
MARQUE DEPOSEE

Sucres

Préférez toujours les sucres d'origine biologique et peu raffinés.

Les fruits contiennent naturellement du sucre. On leur en ajoute pour réaliser des confitures, dans un but de conservation. Cela n'est pas nécessaire pour les compotes, qui sont consommées rapidement. Ajouté en petite quantité dans les compotes, le sucre permet juste de rectifier l'acidité naturelle de certains fruits et d'apporter de la douceur à des fruits peu sucrés. Pour les compotes de bébé, n'ajoutez pas de sucre, afin d'habituer les enfants au goût naturel du fruit.
D'une manière générale, préférez les sucres d'origine biologique. La plupart des sucres roux non biologiques sont des sucres raffinés dans lesquels ont été ajoutés des colorants ou de la mélasse.

SUCRE BLOND DE CANNE

Assez léger, son parfum subtil s'accorde avec toutes les compotes sans masquer le goût des fruits.

SUCRE DE CANNE COMPLET

Sa couleur va du brun clair au brun très foncé. Il est également connu sous le nom de « muscovado » ou « rapadura ». Son goût est très caractéristique, utilisez-le en petite quantité afin qu'il ne « couvre » pas le goût des fruits.

MIEL

Il rend les compotes un peu plus épaisses. Pratique pour les fruits qui rendent beaucoup d'eau comme les poires. Certains miels très typés (miel de lavande, miel de sapin) sont à utiliser en petite quantité. Qu'ils soient liquides ou solides importe peu : tous fondent à la cuisson.

SIROP D'ÉRABLE

Extrait de l'arbre du même nom, il apporte une note boisée. Parfait avec les compotes d'hiver.

SIROP D'AGAVE

Produit au Mexique, sa texture est proche de celle d'un miel liquide. Sa saveur neutre n'est pas d'un grand intérêt gustatif.

SUCRE GLACE

À choisir biologique de préférence, il est intéressant pour sucrer les compotes très lisses, telles que la mangue ou l'avocat-banane.

SUCRE À CONFITURE

Dit aussi « sucre gélifiant », il s'agit de sucre avec de la pectine issue de fruits. Utilisé en petite quantité, il permet de réduire le temps de cuisson des compotes et de les épaissir. Pratique pour les fruits gorgés d'eau. Il existe du sucre de canne à confiture, n'hésitez pas !

ÉDULCORANTS

Les effets des édulcorants chimiques sur la santé ne sont pas encore clairement identifiés. Mieux vaut les éviter. La stevia est le seul édulcorant naturel. Il s'agit d'une plante originaire d'Amérique du Sud, au très fort pouvoir sucrant.

AGAR-AGAR

C'est un gélifiant issu d'une algue. Il remplace les gélifiants d'origine animale. Deux bonnes pincées d'agar-agar ajoutées aux fruits lors de la cuisson donnent des compotes d'une meilleure tenue ; elles épaississent en refroidissant. En augmentant la dose à 4 g par litre, on obtient l'aspect d'un flan.

COMPOTE SANS SUCRE

C'est possible et très bon ! On devrait dire, bien sûr, compote « sans sucre ajouté », vu que tous les fruits en contiennent.

Fruits secs et graines

Moelleux ou croquants, ils apportent aux compotes texture, douceur et petite note parfumée.

FRUITS SECS

Ce sont des fruits frais qu'on a laissé sécher. Ils perdent ainsi une grande partie de leur eau. S'ils sont presque quatre fois plus caloriques que les fruits frais, ils apportent aussi quatre fois plus de minéraux et d'oligoéléments ! Ils sont riches en fibres et se conservent très bien, à l'abri de l'humidité. Choisissez-les biologiques : les abricots secs, par exemple, doivent être brun foncé et non orangé (présence de colorant). Vous pouvez les ajouter dès le début de la cuisson (ils se réhydrateront en cuisant), ou bien les réhydrater dans de l'eau tiède ou, pour les adultes, dans de l'alcool mélangé à de l'eau.

RAISINS : au choix, le Corinthe aux petits grains sombres et au parfum concentré, le Smyrne aux grains sombres et très sucrés, le Malaga venu d'Espagne au goût de muscat, le sultanine (ou Thompson), aux grains blonds et moelleux.
ABRICOTS : riches en calcium et en provitamine A.
FIGUES : riches en magnésium et en fibres. Parmi les variétés existantes, notons la Lérida (charnue) et la petite figue séchée que l'on peut laisser entière dans les compotes.
DATTES : les plus sucrées des fruits secs. Il en existe plusieurs variétés, dont la savoureuse deglet nour.
PRUNEAUX : riches en fibres et en potassium. Les plus célèbres viennent d'Agen, dans le sud-ouest de la France.
CANNEBERGES (cranberry en anglais) : airelles provenant d'Amérique du Nord. D'un joli rouge, elles réveillent les compotes d'hiver. Elles sont antioxydantes.

On trouve également d'autres fruits déshydratés, tels que les pommes, bananes, fraises, ananas, papayes, mangue, qui viennent sucrer les compotes tout en douceur et permettent de varier facilement les associations de saveurs.

FRUITS À COQUE

Préférez les fruits à coque biologiques, exempts de pesticides, de conservateurs et de colorants artificiels. Comme les fruits secs, ils sont très énergétiques et riches en oligoéléments. En poudre, ils épaississent naturellement les compotes un peu liquides. Entiers, ils apportent du croquant.

AMANDES : riches en magnésium, elles s'utilisent entières, émondées ou en poudre.
PISTACHES : source de magnésium, ce sont les moins caloriques des fruits à coque.
NOISETTES : riches en oméga-9 et en vitamine E.
NOIX : s'utilisent entières. Certaines variétés, comme les noix de Grenoble, sont très grosses et savoureuses. La noix de cajou est riche en potassium et en vitamine B1. La noix du Brésil est riche en sélénium ; très grasse, elle est à consommer avec modération. La noix de macadamia, originaire d'Australie, est croquante et délicatement parfumée. La noix de pécan, originaire d'Amérique du Nord, est la plus grasse de toutes les noix : 72 % de lipides. La noix de coco séchée s'utilise râpée ou en poudre et apporte une note exotique.

GRAINES

Elles décorent les compotes et leur apportent une note parfumée. Les graines de pavot ou de nigelle (cumin noir) offrent une petite touche sombre, les graines de sésame ou de lin une petite touche blonde et un léger goût de noisette.

Épices et herbes

Les épices apportent une touche de raffinement. Elles doivent être ajoutées en très petite quantité, afin de ne pas couvrir la saveur délicate des fruits.

GINGEMBRE

Son goût est puissant et piquant. On utilise la racine de gingembre en la râpant, ou en gros morceaux qu'il faut retirer en fin de cuisson afin que la compote ne soit pas trop corsée.

MÉLANGE « PAIN D'ÉPICES »

Composé de gingembre, anis étoilé, cannelle, cardamome, noix de muscade..., il s'associe bien avec les compotes d'hiver.

FÈVE TONKA

Originaire d'Amérique du Sud, elle fait une apparition remarquée en France. À acheter entière et à râper.
Son petit goût vanillé et musqué se marie à tous les fruits.

POIVRE LONG

Le poivre long n'est pas la baie du poivrier, mais d'une liane.
Sa saveur est moins piquante et même légèrement sucrée.

PIMENT D'ESPELETTE

Cultivé au Pays basque, il et très fort, d'un goût puissant et parfumé. À réserver aux adultes et à utiliser avec parcimonie.

VANILLE

Sa saveur douce et sucrée se marie avec tous les fruits. Préférez la vanille en gousse dont vous grattez l'intérieur. Il existe aussi sachets de sucre vanillé (sucre + vanille en poudre).

ANIS ÉTOILÉ ET ANIS VERT

Connues pour leurs propriétés digestives, les graines d'anis vert apportent une saveur anisée et douce. L'anis étoilé, ou badiane, est plus corsé : une étoile suffit pour une compote.

ALMA MATER

Encore peu connue en France, cette merveilleuse épice venue d'Asie exhale un parfum raffiné et subtil, légèrement poivré et vanillé. Elle peut remplacer la vanille dans toutes vos recettes.

CANNELLE

Cette écorce du cannelier a une saveur douce et puissante.
Elle se marie très bien avec les pommes et les poires.

RÉGLISSE

La poudre de réglisse est douce et légèrement anisée. Elle accompagne le potiron dans des compotes sucrées originales.

CARDAMOME

Choisissez de préférence la cardamome verte, encore dans sa capsule. Son goût citronné est puissant mais non piquant.

HUILES ESSENTIELLES

Les arômes tels que citronnelle, bergamote, verveine sont à découvrir. En spray, elles sont très pratiques à utiliser.

NOIX DE MUSCADE ET MACIS

Achetez la noix de muscade entière et râpez-la. Le macis, petite enveloppe fibreuse entourant la coque de la noix de muscade, a une saveur plus fine et réchauffe les compotes hivernales.

SAFRAN

La plus chère des épices ! Une pincée de safran colore en jaune orangé et apporte une saveur aromatique non piquante.

HERBES

La menthe, la citronnelle, la lavande, le romarin, le thym... sont présents dans nos jardins. Ne pas hésiter à utiliser ces herbes aromatiques dans les compotes sucrées.

Citronnelle
Parfum Culinaire
SARAVANE
Bergamote
Huile Essentielle
SARAVANE

Au printemps : la rhubarbe

Les tiges sont à consommer cuites. Les feuilles sont toxiques et doivent être jetées. L'ajout de sucre est indispensable en raison de l'acidité naturelle de la rhubarbe. Voici 4 idées toutes simples pour fêter l'arrivée du printemps (chaque compote est prévue pour 4 personnes).

RHUBARBE-MANGUE

Surprenant mariage entre la douceur exotique de la mangue et l'acidité de la rhubarbe.

1 kg de rhubarbe, 200 g de mangue, 250 g de sucre blond, 1 c. à c. de jus de citron, 1 c. à s. d'eau

1. Laver les tiges de rhubarbe, les éplucher si elles sont trop grosses et les couper en petits tronçons. Éplucher la mangue, la couper en morceaux.
2. Dans une casserole, faire cuire tous les ingrédients pendant 15 minutes à feu vif, en remuant régulièrement. Mixer et laisser refroidir. Servir très frais.

RHUBARBE-CERISES

Saveur typée et belle couleur rouge pour cette compote de printemps.

1 kg de rhubarbe, 200 g de cerises bien mûres, 100 g de sucre de canne complet, 100 g de sucre blanc, 30 g de sucre à confiture, 1 c. à s. d'eau

1. Laver les tiges de rhubarbe, les éplucher si elles sont trop grosses, les couper en petits tronçons. Laver les cerises, les dénoyauter.
2. Dans une casserole, faire cuire tous les ingrédients 10 à 15 minutes à feu vif, en remuant régulièrement. Quand la rhubarbe est bien défaite, retirer du feu. Laisser refroidir. Servir très frais.

RHUBARBE-VANILLE

Bien texturée, simplement relevée d'un soupçon de vanille.

1,2 kg de rhubarbe, 10 cm de gousse de vanille, 250 g de sucre blond, 2 sachets de sucre vanillé, 1 c. à c. de jus de citron, 1 c. à s. d'eau

1. Laver les tiges de rhubarbe, les éplucher si elles sont trop grosses, les couper en petits tronçons. Fendre le morceau de gousse de vanille en deux et gratter l'intérieur pour en récupérer les petits grains noirs.
2. Dans une casserole, faire cuire tous les ingrédients pendant 10 minutes à feu vif, en remuant régulièrement. Dès que la rhubarbe commence à se défaire, retirer du feu. Laisser refroidir. Retirer la gousse de vanille. Ne pas mixer. Servir très frais.

RHUBARBE-FRAISES

Toute lisse, très rafraîchissante.

1 kg de rhubarbe, 200 g de fraises, 250 g de sucre blond, 1 c. à c. de jus de citron, 1 c. à s. d'eau

1. Laver les tiges de rhubarbe, les éplucher si elles sont trop grosses, les couper en petits tronçons. Passer rapidement les fraises sous l'eau, les équeuter, les couper en deux.
2. Dans une casserole, faire cuire la rhubarbe avec le sucre, le jus de citron et l'eau pendant 10 minutes à feu vif, en remuant régulièrement. Quand la rhubarbe commence à fondre, ajouter les fraises. Prolonger la cuisson de 5 à 10 minutes. Laisser refroidir. Mixer. Servir très frais.

POUR 4 PERSONNES - PRÉPARATION 10 MINUTES - CUISSON 7 MINUTES

Fraise

à la fleur d'oranger et au sésame

800 g de fraises
80 g de sucre de canne à confiture
½ c. à c. d'eau de fleur d'oranger
2 cm de racine de gingembre
(facultatif, selon les goûts)
1 c. à s. d'eau
1 c. à s. de graines de sésame

1. Passer rapidement les fraises sous l'eau, les équeuter. Éplucher le gingembre.
2. Dans une casserole, mettre les fraises, l'eau, le sucre et le morceau de gingembre. Porter à ébullition puis faire cuire à feu vif pendant 7 minutes, en remuant régulièrement. Quand les fraises sont à peine défaites, retirer du feu. Ôter le morceau de gingembre. Ajouter l'eau de fleur d'oranger et bien mélanger. Laisser refroidir.
3. Faire griller à sec les graines de sésame dans une poêle. Servir très frais, saupoudré de graines de sésame.

Une compote de fraises, à rehausser d'un peu de gingembre pour la chaleur.

POUR 4 À 6 PERSONNES - PRÉPARATION 10 MINUTES - CUISSON 15 MINUTES

Framboise-rhubarbe

sirop d'érable

1 kg de rhubarbe
250 g de framboises fraîches
ou surgelées
150 g de sucre blond
3 c. à s. de sirop d'érable
3 c. à s. d'eau

1. Laver les tiges de rhubarbe, les éplucher si elles sont trop grosses, les couper en petits tronçons.
2. Dans une casserole, faire cuire la rhubarbe avec le sucre, le sirop d'érable et l'eau pendant 10 minutes environ à feu vif, en remuant régulièrement. Quand la rhubarbe commence à se défaire, ajouter les framboises (en garder quelques-unes pour la décoration). Prolonger la cuisson d'environ 5 minutes.
3. Laisser refroidir puis mixer.
4. Servir très frais, décoré de quelques framboises entières.

Mélange étonnant pour une compote bien lisse, parfumée au sirop d'érable.

POUR 4 PERSONNES - PRÉPARATION 10 MINUTES - CUISSON 10 MINUTES

Pomme-cerise

amandes et gingembre

3 pommes
300 g de cerises
50 g de sucre de canne à confiture
2 cm de racine de gingembre
1 c. à s. d'eau
une quinzaine d'amandes
feuilles de menthe pour décorer

1. Laver les cerises, les dénoyauter. Éplucher les pommes, les évider, les couper en dés. Éplucher le gingembre.
2. Mettre les cerises, les dés de pommes, le sucre, le gingembre et l'eau dans une casserole. Porter à ébullition. Faire cuire 10 minutes en remuant régulièrement.
3. Mixer.
4. Au moment de servir, ajouter les amandes grossièrement concassées et décorer de feuilles de menthe. Servir très frais.

Riche et texturée, cette compote s'invite pour les desserts de jour de fête.

POUR 4 PERSONNES - PRÉPARATION 10 MINUTES - CUISSON 15 MINUTES

Cerise, mangue, banane

600 g de mangues bien mûres
100 g de banane
200 g de cerises
50 g de sucre de canne à confiture
1 c. à s. d'eau

1. Éplucher les mangues et les couper en dés. Éplucher la banane, puis la couper en tranches. Laver et dénoyauter les cerises.
2. Mettre les dés de mangue, les tranches de banane et les cerises dans une casserole avec l'eau. Porter à ébullition, puis faire cuire pendant 7 minutes à feu vif, en remuant régulièrement. Ajouter le sucre et bien mélanger. Prolonger la cuisson de 7 minutes environ, à feu vif.
3. Mixer.
4. Servir très frais.

ASTUCE

Il est possible d'utiliser des mangues surgelées, déjà épluchées et coupées en dés.

Un mélange qui décoiffe pour une compote estivale alliant finesse et originalité.

POUR 4 PERSONNES - PRÉPARATION 10 MINUTES - CUISSON 7 MINUTES

Fraise, choco-menthe

et miettes de spéculos

700 g de fraises
40 g de sucre de canne à confiture
1 pincée d'agar-agar
1 c. à s. d'eau
1 c. à c. de sirop de menthe (sans colorant)
10 spéculos
4 carrés de chocolat noir en tablette
feuilles de menthe pour décorer

1. Passer rapidement les fraises sous l'eau, les équeuter.
2. Mettre les fraises, l'eau, le sucre et l'agar-agar dans une casserole. Porter à ébullition. Faire cuire à feu vif pendant 7 minutes, en remuant régulièrement. Ajouter le sirop de menthe et bien mélanger. Laisser refroidir.
3. Avant de servir, casser les spéculos en gros morceaux. Râper les carrés de chocolat. Ajouter les spéculos et le chocolat à la compote. Décorer de feuille de menthe.

VARIANTES

Varier les gâteaux en prenant, par exemple, des sablés à la noix de coco.
Pour un effet encore plus « menthe », utiliser un chocolat noir à la menthe.

Le grand jeu est sorti pour cette compote aux multiples textures qui peut être servie lors d'un goûter ou en dessert gourmand.

POUR 4 PERSONNES - PRÉPARATION 10 MINUTES - CUISSON 7 MINUTES

Fraise-tonka
faisselle de fromage frais

700 g de fraises
50 g de sucre de canne à confiture
1 sachet de sucre vanillé
1 pincée de fève tonka râpée
1 pincée d'agar-agar (facultatif)
1 c. à s. d'eau
4 petites faisselles de fromage frais

1. Passer rapidement les fraises sous l'eau, les équeuter.
2. Dans une casserole, mettre les fraises, l'eau, le sucre, le sucre vanillé et l'agar-agar. Porter à ébullition. Faire cuire à feu vif pendant 7 minutes, en remuant régulièrement. Ajouter la pincée de fève tonka. Laisser refroidir.
3. Démouler les faisselles de fromage frais. Entourer de compote aux fraises.

ASTUCE
L'agar-agar n'est pas indispensable, mais il donnera plus de tenue à cette compote.

Une compote de fraises, bien texturée, réchauffée par la fève tonka et accompagnée d'un fromage frais en faisselle.

L'été : le melon

Fruit de l'été par excellence, le melon est à découvrir en compotes. L'ajout de l'agar-agar, gélifiant naturel à base d'algue, permet de donner une bonne tenue aux préparations. Voici 4 idées toutes simples à tester (chaque compote est prévue pour 4 personnes).

MELON-FIGUE

À tester en fin d'été !

1 gros melon d'environ 1 kg, 6 figues sèches, 60 g de sucre de canne à confiture, 2 pincées d'agar-agar

1. Couper le melon en deux, retirer les graines et la peau, couper la chair en gros cubes.
2. Mettre tous les ingrédients dans une casserole et porter à ébullition. Faire cuire 5 minutes à feu vif, en remuant régulièrement. Retirer du feu.
3. Laisser refroidir. Laisser reposer 2 heures pour que les figues gonflent dans le jus de melon. Servir glacé.

MELON-FRAISE

Un classique estival toujours délicieux.

1 melon d'environ 1 kg, 300 g de fraises, 60 g de sucre de canne à confiture, 1 sachet de sucre vanillé, 2 pincées d'agar-agar

1. Couper le melon en deux, retirer les graines et la peau, couper la chair en gros cubes. Mettre dans une casserole le melon, 40 g de sucre et l'agar-agar. Porter à ébullition. Faire cuire 5 minutes à feu vif, en remuant régulièrement. Retirer du feu.
2. Laver les fraises, les équeuter, couper les plus grosses en deux. Les faire cuire avec 20 g de sucre et le sucre vanillé environ 5 minutes à feu vif. Retirer du feu et laisser refroidir. Ne pas mixer.
3. Au moment de servir, mélanger les 2 compotes.

MELON AUX DEUX PÊCHES

À essayer sans attendre. Ne pas la mixer !

1 melon d'environ 1 kg, 2 pêches jaunes, 2 pêches blanches, 50 g de sucre à confiture, 2 pincées d'agar-agar

1. Couper le melon en deux, retirer les graines et la peau, couper la chair en gros cubes. Éplucher les pêches, les couper en gros morceaux.
2. Mettre les fruits dans une casserole avec le sucre et l'agar-agar. Porter à ébullition. Faire cuire 5 minutes à feu vif, en remuant régulièrement. Les fruits ne doivent pas fondre complètement. Laisser refroidir. Ne pas mixer.

MELON-ABRICOT

Une compote rafraîchissante à déguster les jours de plein été.

1 melon d'environ 1 kg, 300 g d'abricots bien mûrs, 50 g de sucre de canne à confiture, 2 pincées d'agar-agar

1. Couper le melon en deux, retirer les graines et la peau, couper la chair en gros cubes. Laver les abricots, les dénoyauter et les couper en quatre.
2. Mettre les fruits avec le sucre et l'agar-agar dans une casserole. Porter à ébullition. Faire cuire 5 minutes à feu vif, en remuant régulièrement. Laisser refroidir. La compote va épaissir en refroidissant.

POUR 4 PERSONNES - PRÉPARATION 10 MINUTES - CUISSON 5 MINUTES

Nectarine

gingembre et cardamome

1 kg de nectarines bien mûres
1 c. à s. de miel d'acacia
4 gousses de cardamome
1 c. à c. de racine de gingembre râpée
1 c. à c. de graines de pavot
1 c. à s. d'eau

1. Éplucher les nectarines, les dénoyauter, puis les couper en gros morceaux.
2. Les mettre dans une casserole avec l'eau, le miel, le gingembre râpé et les gousses de cardamome. Porter à ébullition. Faire cuire 5 minutes à feu vif, en remuant régulièrement, le temps que les nectarines commencent juste à se défaire. Laisser refroidir.
3. Au moment de servir, saupoudrer de graines de pavot.

ASTUCE

Servir avec une boule de glace au gingembre.

Des fruits gorgés de soleil, alliés à la douceur du miel et à la chaleur des épices.

POUR 4 PERSONNES - PRÉPARATION 10 MINUTES - CUISSON 7 MINUTES

Abricot-ananas

bergamote

600 g d'abricots bien mûrs
50 g de sucre de canne à confiture
1 c. à s. d'amandes en poudre
1 c. à s. d'eau
8 rondelles d'ananas au sirop
1 goutte d'huile essentielle de bergamote

1. Laver les abricots, les dénoyauter puis les couper en quatre.
2. Dans une casserole, mettre les abricots, l'eau, le sucre et les amandes en poudre. Porter à ébullition. Faire cuire à feu vif pendant 7 minutes, en remuant régulièrement. Laisser refroidir.
3. Égoutter les rondelles d'ananas, les couper en morceaux. Ajouter les morceaux d'ananas à la compote d'abricots. Parfumer avec 1 goutte d'huile essentielle de bergamote.
4. Mélanger délicatement. Servir très frais.

ASTUCE

On trouve, en épicerie fine, des arômes alimentaires à la bergamote en spray (à base d'huile essentielle), très simples à utiliser.

Un mélange de texture douce et croquante pour cette compote mi-crue mi-cuite, surprenante et parfumée.

POUR 4 PERSONNES - PRÉPARATION 10 MINUTES - CUISSON 7 MINUTES

Abricot-thym
aux amandes

600 g d'abricots bien mûrs
50 g de sucre de canne à confiture
1 c. à s. d'amandes en poudre
1 c. à s. d'eau
3 belles branches de thym
1 branche de thym frais

1. Laver les abricots, les dénoyauter puis les couper en quatre.
2. Mettre dans une casserole les abricots, l'eau, le sucre, les amandes en poudre et les branches de thym. Porter à ébullition. Faire cuire à feu vif pendant 7 minutes, en remuant régulièrement. Laisser refroidir.
3. Avant de servir, retirer les branches de thym, puis effeuiller le thym frais sur la compote.

Une compote toute simple, au parfum surprenant.

POUR 4 PERSONNES - PRÉPARATION 10 MINUTES - CUISSON 5 MINUTES

Mirabelle-banane

au poivre long

700 g de mirabelles bien mûres
1 banane
1 c. à s. d'eau
1 pincée de poivre long râpé
1 goutte d'arôme alimentaire de verveine

1. Laver les mirabelles, les dénoyauter. Éplucher la banane, la couper en rondelles un peu épaisses.
2. Dans une casserole, faire cuire les fruits avec l'eau et le poivre long pendant 5 minutes, en remuant. Les fruits doivent à peine se défaire. Parfumer avec 1 goutte d'arôme alimentaire de verveine.
3. Déguster tiède.

ASTUCE

Cette compote est à consommer rapidement, en raison de l'oxydation de la banane.

VARIANTE

Le poivre long et l'arôme alimentaire de verveine se trouvent en épicerie fine.
On peut remplacer l'arôme de verveine par 1 cuillerée à café d'alcool de verveine.

La banane fondue dans les mirabelles, réchauffée par le poivre long et parfumée par la verveine, voilà une compote qui fait voyager !

POUR 4 PERSONNES - PRÉPARATION 10 MINUTES - CUISSON 8 MINUTES

Quetsche

vin rouge, anis étoilé

1 kg de quetsches bien mûres
100 g de sucre de canne à confiture
100 ml de vin rouge
1 étoile d'anis

1. Laver les quetsches, les dénoyauter puis les couper en deux.
2. Mettre dans une casserole les quetsches, l'anis étoilé, le sucre et le vin rouge. Porter à ébullition. Faire cuire à feu vif pendant 7 à 8 minutes, en remuant régulièrement. Retirer du feu quand les quetsches commencent à peine à se défaire. Laisser refroidir.
3. Servir bien froid.

ASTUCE

Si les quetsches sont très mûres, 5 à 6 minutes de cuisson suffiront.

VARIANTE

Servir cette compote avec un fromage blanc crémeux.

Des quetsches encore en morceaux, relevées par une sauce au vin et à l'anis étoilé, pour la fin de l'été.

POUR 4 PERSONNES - PRÉPARATION 10 MINUTES - CUISSON 7 MINUTES

Reine-claude, sirop d'érable

et chantilly

800 g de reines-claudes bien mûres
50 g de sucre de canne à confiture
2 c. à s. de sirop d'érable
2 c. à s. d'eau
2 bonnes pincées de mélange d'épices
à pain d'épices

CHANTILLY

200 g de crème fraîche épaisse,
bio de préférence
100 g de sucre glace
1 sachet de sucre vanillé

1. Laver les reines-claudes, les dénoyauter puis les couper en quatre.
2. Mettre les reines-claudes, l'eau, le sucre, le sirop d'érable et les épices dans une casserole. Porter à ébullition. Faire cuire à feu vif pendant 6 à 7 minutes, en remuant régulièrement. Si les fruits n'ont pas assez fondu, prolonger la cuisson de quelques minutes. Laisser refroidir.
3. Juste avant de servir, préparer la crème Chantilly. Fouetter la crème fraîche avec le sucre vanillé et le sucre glace, jusqu'à ce qu'elle épaississe.
4. Servir la compote avec la chantilly.

ASTUCE

Ne pas trop fouetter la crème fraîche, sous peine d'obtenir du beurre.

VARIANTE

Pour renforcer le goût des épices, faire revenir à la poêle des petits cubes de pain d'épices dans un peu de beurre. Les ajouter à la compote et à la crème Chantilly.

Des morceaux de reines-claudes encore visibles… qui cachent un parfum élaboré et chaud d'épices et de sirop d'érable.

POUR 3 OU 4 PERSONNES - PRÉPARATION 10 MINUTES - CUISSON 7 À 8 MINUTES

Mûre-vanille

300 g de mûres
2 grosses pommes
5 cm de gousse de vanille
60 g de sucre de canne à confiture
1 sachet de sucre vanillé
4 c. à s. d'eau
une dizaine de pistaches grillées non salées

1. Passer rapidement les mûres sous l'eau. Éplucher les pommes, les évider, couper la chair en morceaux. Fendre la gousse de vanille en deux.
2. Mettre les fruits dans une casserole avec le sucre vanillé, le sucre à confiture, la gousse de vanille et l'eau. Porter à ébullition. Laisser cuire à feu vif pendant 7 à 8 minutes, en remuant régulièrement. Laisser refroidir.
3. Servir bien froid, tel quel ou mixé. Parsemer de pistaches grillées. Accompagner d'une glace à la vanille.

VARIANTE

Remplacer les mûres par des myrtilles.

Une belle compote de fin d'été, à déguster telle quelle ou mixée.

L'automne : la figue

Blanches ou violettes, les figues se marient bien avec des saveurs douces comme l'avocat, ou plus typées comme l'orange ou la poire. Choisissez-les bien mûres et cuisinez-les sans attendre. Voici 4 petites idées pour compoter la figue ! (Chaque recette est prévue pour 4 personnes.)

FIGUE-POMME

Une compote d'automne classique, sans sucre ajouté.

500 g de figues fraîches, 2 pommes, ½ gousse de vanille, 1 c. à s. d'eau

1. Laver les figues, les couper en quatre. Éplucher les pommes, les évider, couper la chair en morceaux.
2. Dans une casserole, faire cuire les fruits avec l'eau et la demi-gousse de vanille fendue en deux pendant 10 minutes, en remuant sans arrêt. Mixer. Déguster tiède.

FIGUE-ORANGE

Légère et raffinée, cette compote se déguste aussi bien tiède que froide.

300 g de figues fraîches, 3 oranges, 30 g de sucre de canne à confiture, 2 g d'agar-agar

1. Laver les figues, les couper en quatre. Peler les oranges, les détailler en quartiers. À l'aide d'un couteau bien aiguisé, détacher la peau qui entoure chaque quartier.
2. Mettre tous les ingrédients dans une casserole. Porter à ébullition. Faire cuire 7 minutes à feu vif, en remuant régulièrement. Laisser refroidir. Servir cette compote tiède ou froide. Elle épaissit en refroidissant.

FIGUE-AVOCAT

N'hésitez pas ! Ce mariage de la figue et de l'avocat est un pur délice.

400 g de figues fraîches, 1 gros avocat, 50 g de sucre blond, 1 c. à c. de jus de citron, noix de coco râpée pour saupoudrer

1. Laver les figues et les couper en quatre. Peler l'avocat, retirer le noyau, couper la chair en morceaux.
2. Dans une casserole, placer les figues et l'avocat avec le jus de citron et le sucre. Faire cuire 10 minutes à feu moyen, en remuant. Laisser refroidir. Mixer. Déguster bien froid saupoudré de noix de coco.

FIGUE-POIRE

Toute douce, cette compote accompagnera bien une glace à la vanille ou au rhum.

400 g de figues fraîches, 4 poires, 50 g de sucre blond, 1 c. à s. de jus de citron, 2 g d'agar-agar, 1 c. à s. d'eau

1. Laver les figues, les couper en quatre. Éplucher les poires, les évider, couper la chair en morceaux.
2. Mettre tous les ingrédients dans une casserole et porter à ébullition. Faire cuire pendant 10 minutes, en remuant sans arrêt. La compote va épaissir en refroidissant. Servir frais.

POUR 4 PERSONNES - PRÉPARATION 15 MINUTES - CUISSON 20 MINUTES

Coing épicé

600 g de coings (2 gros ou 3 petits)
80 g de sucre glace
2 pincées d'alma mater
(à défaut, de la vanille en poudre)

1. Laver les coings. Les faire cuire 20 minutes à la Cocotte-Minute, entiers, dans un peu d'eau. Laisser refroidir et égoutter.
2. Couper les coings avec la peau, en veillant à ne pas toucher au centre, qui est ligneux et qui doit être éliminé. Passer les morceaux au moulin à légumes. Ajouter le sucre glace et bien mélanger.
3. Servir tiède ou froid.

VARIANTE

Si vous aimez les saveurs très épicées, remplacer l'alma mater par une toute petite pincée de piment d'Espelette.

ASTUCE

À défaut d'autocuiseur, il est possible de cuire les coings dans une casserole avec un peu d'eau. Il faudra alors compter environ 1 heure de cuisson, en veillant à ce qu'il reste toujours un fond d'eau dans la casserole.

Une compote traditionnelle, subtilement relevée par de l'alma mater, une épice surprenante aux saveurs de vanille, de poivre et de caramel.

POUR 3 OU 4 PERSONNES - PRÉPARATION 10 MINUTES - CUISSON 7 MINUTES

Poire-framboise

graines de pavot

600 g de poires (2 ou 3 poires) bien mûres
300 g de framboises (fraîches ou surgelées)
80 g de sucre de canne à confiture
3 pincées d'agar-agar
1 c. à s. d'eau
1 c. à s. de graines de pavot
3 ou 4 feuilles de menthe pour décorer (facultatif)

1. Éplucher les poires, les évider, les couper en quartiers. Si les framboises sont fraîches, les passer rapidement sous l'eau.
2. Mettre les quartiers de poire, les framboises, le sucre, l'agar-agar et l'eau dans une casserole. Porter à ébullition. Faire cuire à feu vif pendant 7 à 8 minutes, en remuant régulièrement. La compote va épaissir en refroidissant.
3. Au moment de servir, parsemer la compote de graines de pavot et décorer de feuilles de menthe.

ASTUCE

Si vous n'utilisez pas d'agar-agar pour épaissir cette compote, elle sera très liquide mais tout aussi savoureuse.

Joli mélange en morceaux pour une compote parsemée de graines de pavot.

POUR 4 PERSONNES - PRÉPARATION 15 MINUTES - CUISSON 15 À 20 MINUTES

Poire-pruneau

cardamome et noix de cajou

6 poires
1 pomme
200 g de pruneaux d'Agen dénoyautés
100 g de sucre de canne à confiture
3 gousses de cardamome
2 c. à s. de jus de citron
2 c. à s. d'eau
une dizaine de noix de cajou
1 grosse meringue

1. Éplucher les poires et la pomme, les évider, couper leur chair en morceaux.
2. Mettre les morceaux de pomme dans une petite casserole avec 1 cuillerée à soupe d'eau et 1 cuillerée à soupe de jus de citron. Faire cuire pendant 5 à 10 minutes, en remuant, le temps que les morceaux se défassent bien.
3. Mettre les morceaux de poires dans une autre casserole avec le sucre, 1 cuillerée à soupe d'eau, 1 cuillerée à soupe de jus de citron et la cardamome. Laisser cuire 5 minutes, le temps que les poires commencent à rendre de l'eau. Arrêter la cuisson. Enlever les poires à l'aide d'une écumoire. Les réserver.
4. Dans le jus obtenu, mettre les pruneaux dénoyautés. Remettre sur le feu et laisser bouillir environ 5 minutes. Laisser reposer (les pruneaux vont continuer à gonfler dans le jus).
5. Ajouter la compote de pomme aux pruneaux. Bien mélanger. Ajouter les poires mi-cuites, en mélangeant très délicatement. Ajouter les noix de cajou.
6. Au moment de servir, émietter grossièrement une meringue sur le dessus de la compote, ou décorer avec de petites meringues individuelles. Cette compote se sert en ramequin, à peine tiède ou froide.

VARIANTES

Ajouter d'autres fruits à coque : noix, noix de pécan, noisettes, amandes...
Et des fruits secs : raisins secs, abricots, dattes ou canneberges.

Une compote bien structurée aux multiples saveurs.

POUR 4 PERSONNES - PRÉPARATION 10 MINUTES - CUISSON 10 MINUTES

Pomme-poire au chocolat

miel, amandes

6 poires
2 pommes
1 c. à s. de miel
30 g de sucre de canne à confiture
1 c. à c. de jus de citron
1 c. à s. d'eau
1 pincée de poivre long râpé
2 c. à s. de chocolat noir râpé
une dizaine d'amandes
une dizaine de noix
2 c. à s. de noix de coco (pour décorer)

1. Éplucher les pommes, les évider, couper la chair en morceaux. Éplucher les poires, les évider, couper la chair en morceaux.
2. Mettre les pommes dans une grande casserole avec l'eau, le sucre et le jus de citron. Faire cuire 5 minutes à feu vif, en remuant, jusqu'à ce que les pommes se défassent bien.
3. Ajouter les poires, avec le miel et le poivre long râpé. Poursuivre la cuisson 5 minutes, en remuant délicatement ; les poires doivent être à peine défaites. Laisser refroidir.
4. Au moment de servir, ajouter le chocolat, les amandes et les noix grossièrement concassées. Saupoudrez de noix de coco râpée pour décorer. Servir bien froid.

ASTUCE

Consommer cette compote rapidement car les poires s'oxydent assez vite.

VARIANTES

À essayer aussi avec du miel de lavande ou de thym.

Le poivre long relève agréablement cette compote gourmande, avec des poires mi-cuites.

POUR 4 PERSONNES - PRÉPARATION 10 MINUTES - CUISSON 27 MINUTES

Pomme-carotte

cannelle et miel d'acacia

800 g de carottes en botte
1 grosse pomme
3 c. à c. de miel d'acacia
50 g de sucre de canne complet
2 sachets de sucre vanillé
1 pincée de cannelle en poudre
1 pincée de macis en poudre
250 ml d'eau (à ajouter progressivement)

1. Laver et éplucher les carottes, les couper en rondelles. Éplucher la pomme, l'évider, la couper en morceaux.
2. Faire cuire les rondelles de carotte à l'autocuiseur pendant 12 minutes, dans un panier vapeur.
3. Mélanger ensuite dans une casserole les carottes cuites, la pomme, le miel, les 2 sucres, la cannelle, le macis et la moitié de l'eau. Porter à ébullition et laisser cuire pendant 15 minutes à feu vif, en remuant régulièrement. Ajouter l'eau au fur et à mesure, jusqu'à ce que pommes et carottes soient bien fondues. Attention, il faut qu'il y ait toujours un peu de liquide au fond de la casserole car cette compote attache très vite.
4. Laisser refroidir. Mixer ou passer au blender. Servir froid.

ASTUCES

Cette compote est encore meilleure le lendemain.
Les carottes fraîches en botte sont plus sucrées et conviennent bien pour cette recette.

VARIANTES

Parsemer de noix de pécan au moment de servir.
Il est possible de remplacer le macis par 1 pincée de noix de muscade râpée.

Osez la carotte en compote sucrée et épicée, c'est un régal !

POUR 4 PERSONNES - PRÉPARATION 5 MINUTES - CUISSON 5 MINUTES

Avocat-banane

2 bananes
1 gros avocat
2 c. à s. de lait
30 g de sucre blond de canne
1 c. à c. de jus de citron

1. Éplucher les bananes, les couper en rondelles. Éplucher l'avocat, retirer le noyau, couper la chair en morceaux.
2. Mettre les bananes dans une casserole avec le lait et le sucre. Faire cuire 5 minutes environ, en remuant, jusqu'à ce qu'elles fondent. Ajouter l'avocat cru et mixer le tout. Ajouter le jus de citron. Laisser refroidir.
3. Servir bien frais.

ASTUCE

Cette compote doit être consommée rapidement car les bananes et l'avocat s'oxydent très vite.

Ces deux fruits se marient très bien et donnent une compote mi-crue mi-cuite très douce.

POUR 4 PERSONNES - PRÉPARATION 10 MINUTES - CUISSON 15 À 20 MINUTES

Potimarron au réglisse

et anis vert

1 potimarron d'environ 1,3 kg
40 g de sucre blond
10 g de sucre de canne complet
½ c. à s. d'anis vert en grains
2 pincées de poudre de réglisse
250 à 500 ml d'eau bouillante
(à ajouter progressivement)

1. Éplucher le potimarron, retirer les graines et couper la chair en petits dés.
2. Mélanger dans une casserole les dés de potimarron avec les 2 sucres, un peu d'eau, les grains d'anis vert et la poudre de réglisse. Faire cuire 15 à 20 minutes, en remuant sans arrêt et en ajoutant progressivement de l'eau bouillante. Attention, cette compote attache très vite. Arrêter la cuisson quand le potimarron s'est bien défait.
3. Laisser refroidir puis mixer.

ASTUCES

Contrairement au potiron, le potimarron est très dur à couper, mais il cuit plus vite. Il est aussi plus sucré et convient très bien pour les compotes.
La poudre de réglisse se trouve en épicerie fine. À défaut, utiliser de l'extrait de réglisse liquide (en grande surface au rayon sirop).

VARIANTE

Le sucre de canne complet peut être remplacé par du sucre blond.

Le potimarron est une courge à la chair ferme de couleur rouge orangé, il est parfait en compote.

L'hiver : la pomme

« Une pomme par jour éloigne le médecin », disent les Anglais. C'est aussi la reine des compotes ; naturellement riche en sucre, elle permet des compotes légères et diététiques. Voici les 4 basiques de votre placard (chaque recette est prévue pour 4 personnes).

POMME-FRUITS ROUGES

Une belle couleur pour cette compote très lisse.

4 grosses pommes , 200 g de fruits rouges mélangés, frais ou surgelés (framboises, mûres, cerises), 50 g de sucre blond, 1 c. à s. de jus de citron, 1 pincée d'agar-agar

1. Éplucher les pommes, les évider, couper la chair en morceaux. Passer les fruits rouges rapidement sous l'eau. Dénoyauter les cerises.
2. Placer tous les ingrédients dans une casserole. Porter à ébullition et faire cuire 10 minutes à feu vif, en remuant. Laisser refroidir puis mixer. Servir bien frais.

POMME-BANANE

Jolie texture pour cette compote qui cache bien son jeu.

4 grosses pommes , 1 banane, 60 ml d'eau, 1 c. à s. de jus de citron

1. Éplucher les pommes, les évider, couper la chair en petits morceaux. Éplucher la banane, la couper en rondelles.
2. Mettre tous les ingrédients dans une casserole et porter à ébullition. Faire cuire 10 minutes à feu vif, en remuant sans arrêt. Si la préparation semble trop sèche, ajouter un peu d'eau. Arrêter quand les pommes sont à peine défaites. La banane doit avoir fondu. Cette compote se déguste tiède.

POMME-CARAMEL

Vite faite, cette compote fera la joie d'un goûter.

4 grosses pommes, 60 ml d'eau, 1 c. à s. de jus de citron, 2 c. à s. de caramel liquide

1. Éplucher les pommes, les évider, couper la chair en morceaux.
2. Les faire cuire dans une casserole avec l'eau et le jus de citron pendant 10 minutes à feu vif, en remuant. Si la préparation semble trop sèche, ajouter un peu d'eau. Quand les pommes sont complètement défaites, retirer du feu. Laisser refroidir.
3. Ajouter le caramel liquide. Servir bien frais.

POMME-NOISETTES

Une compote toute simple, écrasée à la fourchette.

4 grosses pommes , 50 g de noisettes en poudre, 30 g de noisettes entières, 60 ml d'eau, 1 c. à s. de jus de citron

1. Éplucher les pommes, les évider, couper la chair en morceaux.
2. Les faire cuire dans une casserole avec l'eau, la poudre de noisettes et le jus de citron pendant 10 minutes à feu vif, en remuant. Si la préparation semble trop sèche, ajouter un peu d'eau. Quand les pommes sont défaites mais non en purée, retirer du feu et les écraser grossièrement à la fourchette. Laisser refroidir.
3. Servir tiède ou froid, parsemé de noisettes concassées.

POUR 4 PERSONNES - PRÉPARATION 10 MINUTES - CUISSON 10 MINUTES

Pomme-poire, pain d'épices

clou de girofle et fève tonka

4 pommes
2 poires
1 c. à s. de rapadura
(sucre de canne complet)
1 c. à s. de jus de citron
1 pincée de fève tonka râpée
1 clou de girofle
2 c. à s. d'eau
2 tranches de pain d'épices
1 noix de beurre

1. Éplucher les pommes, les évider, couper la chair en morceaux. Éplucher les poires, les évider, couper la chair en morceaux.
2. Mettre les pommes dans une grande casserole avec l'eau, le rapadura, le clou de girofle, la pincée de fève tonka et le jus de citron. Faire cuire 5 minutes, en remuant, jusqu'à ce que les pommes commencent à se défaire.
3. Ajouter les poires. Laisser cuire 5 minutes, en remuant très délicatement. Retirer le clou de girofle. Laisser refroidir.
4. Au moment de servir, faire revenir les tranches de pain d'épices à la poêle dans un peu de beurre. Les couper en petits dés et en décorer la compote.

ASTUCE

Pour renforcer le goût du pain d'épices, ajouter un peu d'épices « mélange pour pain d'épices ».

VARIANTE

Faire revenir le pain d'épices dans un peu de beurre puis le mixer pour en décorer la compote.

La fève tonka et le clou de girofle apportent saveur et chaleur à cette compote.

POUR 4 PERSONNES - PRÉPARATION 15 MINUTES - CUISSON 5 À 10 MINUTES

Pomme-orange
citronnelle

4 oranges
2 pommes
40 g de sucre blond de canne
2 g d'agar-agar
1 goutte d'arôme alimentaire de citronnelle

1. Peler les oranges, les détailler en quartiers. À l'aide d'un couteau bien aiguisé, détacher la peau qui entoure chaque quartier. Éplucher les pommes, les évider, couper la chair en morceaux.
2. Mettre les fruits dans une casserole avec le sucre et l'agar-agar. Porter à ébullition. Faire cuire 5 à 10 minutes en remuant régulièrement. Les pommes doivent à peine commencer à fondre. Parfumer avec 1 goutte d'arôme de citronnelle. Laisser refroidir. La compote va épaissir en refroidissant.
3. Servir bien frais.

ASTUCES

On peut remplacer l'arôme alimentaire à base d'huile essentielle de citronnelle (en épicerie fine) par de la citronnelle fraîche (en magasin asiatique).
L'agar-agar donne une bonne tenue à cette compote. Si vous n'en mettez pas, elle sera plus liquide, mais tout aussi délicieuse.

VARIANTE

Remplacer la citronnelle par des filaments de safran. Le goût sera complètement différent, mais tout aussi raffiné.

Osez le mélange pomme-orange pour une compote mi-cuite, avec de beaux morceaux de pommes.

POUR 4 PERSONNES - PRÉPARATION 15 MINUTES - CUISSON 15 MINUTES

Pomme tatin au muesli

dattes et noix de macadamia

4 grosses pommes
50 g de sucre blond de canne
30 g de beurre salé
1 c. à c. de miel liquide
1 c. à s. d'eau
1 pincée de cannelle en poudre
6 dattes
50 g de muesli
10 noix de macadamia

1. Éplucher les pommes, les évider, couper la chair en morceaux.
2. Dans une grande poêle, faire fondre le beurre. Ajouter le sucre, le miel et l'eau. Remuer sans arrêt jusqu'à ce que le mélange épaississe. Ajouter les pommes et la cannelle, mélanger soigneusement. Continuer la cuisson, en remuant, jusqu'à ce que les pommes commencent à fondre et à caraméliser. Retirer du feu.
3. Couper les dattes et les noix de macadamia en morceaux. Les ajouter à la compote ainsi que le muesli. Bien mélanger et laisser refroidir.
4. Servir tiède ou froid.

ASTUCE

Choisir une variété de pomme qui fond bien à la cuisson.

VARIANTES

Utiliser des noix de pécan ou autres fruits à coque : amandes, noisettes, noix du Brésil…

Une compote riche et fondante à souhait, agrémentée de fruits secs.

POUR 4 PERSONNES - PRÉPARATION 15 MINUTES - CUISSON 7 MINUTES

Pamplemousse-banane

miel et baies roses

2 pamplemousses roses
1 grosse banane
1 c. à s. de miel de tilleul
30 g de sucre de canne à confiture
3 g d'agar-agar
1 c. à s. d'eau
baies roses pour décorer

1. Peler les pamplemousses, les détailler en quartiers et enlever la membrane blanche qui les recouvre. Éplucher la banane, la couper en rondelles.
2. Mélanger dans une casserole les quartiers de pamplemousse, la banane, l'eau, l'agar-agar, le sucre et le miel. Porter à ébullition et faire cuire 7 minutes à feu vif, en remuant sans arrêt. Laisser refroidir.
3. Mixer ou non, selon l'envie. La compote va épaissir en refroidissant.
4. Au moment de servir, décorer avec des baies roses.

ASTUCE

Recette express : utiliser des morceaux de pamplemousse surgelés, déjà épluchés.

L'acidité du pamplemousse est adoucie par la banane et le miel de tilleul.

POUR 3 OU 4 PERSONNES - PRÉPARATION 10 MINUTES - CUISSON 5 À 10 MINUTES

Banane-kaki

3 kakis bien mûrs
1 banane
2 pincées de noix de muscade
1 c. à s. d'eau

1. Couper les kakis en deux. Prélever la chair à l'aide d'une cuillère.
Éplucher la banane, la couper en rondelles très fines.
2. Placer la chair des kakis et les rondelles de banane dans une casserole avec l'eau et la noix de muscade. Faire cuire 5 à 10 minutes, le temps que les kakis et la banane soient bien fondus, en remuant sans arrêt. Laisser refroidir.
En refroidissant, cette compote prend l'aspect d'un flan.
3. Servir bien frais.

ASTUCE

À consommer dans la journée car la banane s'oxyde très vite.

Le temps des kakis est court, profitez-en pour tester cette compote étonnante.

POUR 4 PERSONNES - PRÉPARATION 15 MINUTES - CUISSON 20 À 30 MINUTES

Châtaigne et marron glacé

600 g de châtaignes
60 g de sucre glace
200 ml de lait
1 étoile d'anis
4 marrons glacés

1. Laver les châtaignes. Ne pas les éplucher. Fendre simplement leur enveloppe à l'aide d'un couteau, pour éviter qu'elles n'éclatent à la cuisson.
2. Mettre les châtaignes dans une casserole remplie d'eau avec l'anis étoilé et laisser cuire 20 à 30 minutes. Les fruits doivent être tendres. Égoutter, ôter l'anis étoilé.
3. Laisser refroidir les châtaignes puis retirer l'écorce dure et la peau tendre. Ajouter le sucre glace et le lait.
4. Mixer le tout jusqu'à obtenir une préparation lisse. Rajouter un peu de lait si la compote semble trop épaisse.
5. Au moment de servir, parsemer de marrons glacés émiettés.

ASTUCES

Recette express sans cuisson : utiliser des châtaignes en bocal, déjà cuites et épluchées. Dans ce cas, laisser reposer la compote plus longtemps avec l'anis étoilé, afin que son parfum imprègne les fruits.
À défaut de marrons glacés, rouler quelques châtaignes entières dans du sucre glace, puis les émietter grossièrement sur la compote, juste avant de servir.

VARIANTE

Ajouter 1 feuille de figuier dans l'eau de cuisson. Son goût est délicieux.

Une compote exquise et raffinée, pour un repas de fête ou un goûter délicat.

REMERCIEMENTS

À Éric, pour son soutien gourmand.
Merci à Florence et à Yves Dubus, des épices Saravane™, qui m'ont fait découvrir cette délicieuse épice qu'est l'alma mater. http://www.saravane.eu

SHOPPING

Mud australia www.mudaustralia.com
Alessi www.alessi.com/en/company/network/france
Muji www.muji.fr
Caravane www.caravane.fr

Relecture : Natacha Kotchetkova

Dépôt légal : novembre 2011
ISBN : 978-2-501-06576-4
4057196-02
Imprimé en Espagne par Graphicas Estella